KB102127

살아남는
자들로만
이루어진 곳

살아남는
자들로만
이루어진 곳

ⓒ 김고민, 2024

초판 1쇄 발행 2024년 8월 12일

지은이   김고민
펴낸이   이기봉
편집   좋은땅 편집팀
펴낸곳   도서출판 좋은땅
주소   서울특별시 마포구 양화로12길 26 지월드빌딩 (서교동 395-7)
전화   02)374-8616~7
팩스   02)374-8614
이메일   gworldbook@naver.com
홈페이지   www.g-world.co.kr

ISBN   979-11-388-3407-0 (03190)

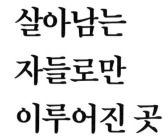

살아남는
자들로만
이루어진 곳

퇴사를 일삼는다면
한 번쯤은 읽어 봐야 할 이야기

김고민 지음

좋은땅

목 차

3 생각지도 못한 곳에서 느낀 위로와 감동

1

무엇이 문제인가

1

버티고 적응한 끝에

살아남는 자들로만 이루어진 곳

면접을 보고 바로 다음 날 첫 출근을 했다.

출근과 동시 K 대리가 황급히 나에게 다가오더니

나를 가르쳐야 하는 사람이 갑자기 그만두었다고 했다.

그리고는 K 대리는 황급히 전화를 받으며 어디론가 사라져 버렸고

현장에서 일을 하고 있는 그 어느 누구도 첫 입사를 한 나에게

어디서 무엇을 해야 하는지 안내하거나

지시하는 사람은 아무도 없었다. 그렇게 입사 첫날 멀뚱멀뚱하게 서

있다가 하루가 흘러갔다.

그리고 퇴근 시간이 다 되어 갈 때쯤…

K 대리가 나에게 왔고 방금 전 나를 가르쳐야 할 사람과 통화를 했다며

빠른 시일에 회사에 복귀해서 나와 같이 일을 할 거라고 말했지만
당장에 일을 지시해 주거나 가르쳐 주는 사람도 없이
혼자 방치된 듯한 내가
이 상황을 받아들이기에는 상당히 난감했다….

K 대리는 시간이 날 때마다 나에게 와서 일을
가르쳐 주겠다며 모르는 것이 있으면 자신에게
물어보고 그래도 모르겠다면 그 이상은
본인이 일을 떠맡아서 할 것이니 안심하라고
나에게 말했지만 K 대리도 본인에게 주어진
업무보다 몇 배나 되는 업무량을 감당하고 있었기에
그 말은 제대로 지켜 주지 못했다.

그렇게 며칠간 방치되다시피
있었던 나는 회사가 어떤 상황인지
대충 눈치를 채고 현장의 생산 라인을 돌아다니며
제품의 종류 및 종류별로 분류된 코드 번호와
제품이 생산되는 데 걸리는 시간까지

수첩에다가 메모를 하여 무작정 외워 버렸다.

그렇게 남에게 일을 배우는 최소한의 과정도 없이
스스로 일을 습득하고 있을 때 회사의 전무님이 나를 사무실로 불렀다.

전무님은 나에게
공정 작업을 진행해야 할 제품은 몇 개이며
완성된 제품은 몇 개인지 수량을 확인해서 자신에게 보고하라고 말했다.
그러자 나는 '이제 들어온 지 일주일 정도 되었고 입사와 동시에
저한테 일을 가르쳐 주어야 할 사람이 그만두는 바람에 제 스스로 일을 찾아서
배우는 중입니다.'라고 말했고
그 말을 들은 전무님은 '뭐 이딴 놈을 뽑았냐?'며
혼잣말로 비아냥거리고는 어디론가 사라져 버렸다….
너무나 황당해서 화도 안 났었지만… 황당함보다 더 와닿았던 건

'도대체 회사가 어떻게 돌아가길래
일을 배우지도 않은 사람에게 배운 결과를 원하는가…?'였다.

살아남는 자들로만 이루어진 곳

'내가 적응하지 못하는 건가? 원래 직장 생활이라는 것이 이런 건가?'

라며

알 수 없는 고민에 사로잡힌 채 2주쯤 흘러갔을까….

나에게 일을 가르쳐야 할 사람이 돌아왔다.

(생판 모르는 사람을 보며 오랜만에 만난 친구처럼 반갑다는

느낌을 받은 건 이게 처음이었다….)

나는 반가움과 동시에 지난 2주간 겪은 일들이 납득되질 않아

어떻게 된 거냐며 자초지종 상황을 물으니 본인 혼자서

1층과 2층을 왔다 갔다 하며 제품을 받고 수량까지 확인하기에는 너

무나 벅차서

사람이 한 명 정도 더 필요하다는 건의를 하던 도중

사장님과의 의견 마찰이 생겨 회사를 나가 버렸고 자신이 나가고 난 뒤

사람 한 명을 더 뽑았다는 연락을 받고 왔는데 그게 나였다고 했다….

그래서 내가 자신의 부사수 겸 조수로 들어온 것 같다며

이 황당한 상황을 나름대로 종식시켜 주었다.

그렇게 서로가 각자의 사연을 하소연하고 난 뒤

사수와 같이 일을 하며 일에 대해 하나하나 배워 나갔다….

일을 하다가 모르는 것이 있으면 사수에게 곧바로 물어보았고

사수가 없었던 2주 동안 무작정 제품의 이름과 코드 번호를 외웠던 것이

시너지 효과처럼 더해져 사수가 예상했던 것보다

훨씬 더 빨리 일을 배울 수 있었다….

사수도 그런 나를 보며 상당히 만족해했고

나 또한 사수의 만족에 그치지 않고 틈날 때마다 사수에게 일에 관해 끊임없이 질문을 했지만

사수는 아직 그 정도까지는 몰라도 된다며 나를 안심시켰다.

작업 공정을 거쳐야 할 제품이 들어오면

한 명은 1층에 있고 한 명은 2층으로 가서 제품이 운반되는 승강기 앞에 대기해 있다가

작업해야 될 제품은 1층에서 2층으로 곧바로 보내 주고 또 완성된 제품들은

2층에서 1층으로 승강기를 통해 곧바로 보내 주니

일이 일사천리로 진행되었고 사람이 부족하다는 이유로

일이 터무니없이 지연된다든가 하는 문제들이 없어졌다.

그렇게 평온하게 한 달이 흘러갔다….

그러나 그러한 시간도 잠시…

일을 하고 있는 도중에
사수가 누군가로부터 전화를 받고 언성을 높이며 다투는가 싶더니
그다음 날부터 출근을 하지 않았다.

나는 곧장 사수에게 여러 번 전화를 걸었지만 사수는 전화를 받지 않
았고
K 대리에게 찾아가 사수가 무슨 이유로 회사에 오지 않는 거냐며
물어보았지만 K 대리는 아마 오지 않을 거라고 했다….

나는 또다시 혼자서 일을 해야 된다는 생각에
한동안 무기력함에 빠졌지만 그 상황에 좌절하기보단
일도 어느 정도 알았으니 최대한 열심히 일해 보자며 마음을 다시 잡
았다.

하지만 사수가 없는 빈자리는 너무나 컸다….

나는 계단을 3칸씩 뛰며 하루에도 수십 번씩 1층과 2층을 오가며 제품을 옮겼고

헐떡이는 숨조차 뒤로한 채 하루가 어떻게 흘러가는지조차 모를 정도로 바쁜 나날을 보냈다. 또한 정신없이 일을 하고 있는 와중에 사장님과 중간 관리자에게

수시로 전화가 와서 재고와 수량을 파악하고 실시간으로 보고를 하라는 등….

도저히 혼자선 일을 감당해 낼 수 없는 상황이 지속되었다….

퇴근을 하고 난 뒤 집에 와서 씻고 이부자리에 누워 잠들기 전 많은 고민을 했다….

그만둔 사수가 전화 통화를 하며 누구와 어떤 다툼이 있었는지

정확히 알 수는 없었지만 사수가 왜 그만두었는지… 혼자서 모든 것을 해 보니

머리로 생각하기 전에 이미 몸이 깨닫고 있었다.

그리고 2주 동안의 고민 끝에 그만두어야겠다고 마음먹은 나는

사장님께 그만둔다는 통보를 하고 퇴사를 했다….

살아남는 자들로만 이루어진 곳

내가 퇴사했다는 소식을 들은 K 대리가 나에게 전화를 걸어왔다.

K 대리는 나에게 일단은 조금만 더 다녀 보고 퇴사를 생각해 보는 게 어떻겠냐고

최대한 설득했지만 나는 일을 하면서 느낀 문제점들을

자세히 설명하고는 일찍 그만둬서 미안하다는 말과 함께 전화를 끊었다.

그곳의 사장님을 비롯한 관리자들은

한 명의 사람이 여러 가지 일을 동시다발적으로 할 수 있길 원했지만

나는 회사가 바라는 기량을 충족하지 못했고 결국 나와 버렸다.

혼자서 두 명 몫의 일을 하며

내가 어떤 일을 하고 있는지 분간조차 되지 않을 만큼

정신없었던 그곳….

그곳에서 버티고 버틴 끝에 아직까지

일을 하고 있는 사람들이 있다면 나는 그곳을

살아남는 자들로만 이루어진 곳이라 말하고 싶다.

체계와 상식이

존재하지 않는 일터

앞에서 말한 곳에서의 일이다.

내가 입사한 지 한 달도 안 돼서 일을 하던

경리가 그만두었다.

경리 또한 사장님과 다투고 난 후에 퇴사를 했고

경리가 퇴사를 하고 난 뒤 얼마 지나지 않아

다른 곳에서 10년 이상의 사무 경력을 가진

B라는 사람이 이곳에 면접을 보고

사무직의 차장으로 입사를 했다….

B 차장은 회사가 어떻게 운영되는지 알기 위해

현장을 일일이 돌아다니며 일하는 직원들마다
주된 업무가 무엇이며 하루 일과가 어떻게 시작해서
어떻게 끝나는지에 대해 자세히 물어보았다….
그리고 B 차장은 나에게도 와서 어떤 일을 하는지 물어보았고
출근부터 퇴근까지 나의 하루 일과를 A4 용지에 요약해서 적은 다음
자신의 책상 위에 놓아 달라고 했다….

나는 퇴근을 하고 난 뒤 집에 와서 나의 하루 일과를
A4 용지에다가 세심히 적고는 다음 날 아침
출근을 한 뒤 B 차장의 책상 위에 올려놓았다.
그리고 3시간 뒤 점심을 먹을 때쯤
B 차장이 나에게 다가오더니
내가 A4 용지에 적은 하루 일과를 읽어 보았다며
이 많은 일을 어떻게 혼자서 다 감당하냐며
연신 물어보았다….

나는 힘없는 목소리로
'일단 어떻게든 하고 있는데 저도 제가 하고 있는 이 일을
어떻게 감당하고 있는지 모르겠어요.'라는 대답과 함께
대화를 마무리했다….

그 뒤에도 B 차장은

며칠 동안 회사가 운영되는 모습을 유심히

살펴보더니 이런 곳은 처음 봤다는 말을 남기고는

일주일도 안 되어서 퇴사를 하였다….

다른 회사에서

오랜 사무 경력을 쌓고 입사를 한 사람도

며칠 동안 회사를 유심히 둘러보며

직원들이 일을 하는 모습과 과정을 살펴보더니

상식적으로 받아들이기 힘든 문제점들이

속속히 드러나 미련 없이 회사를 떠난다….

입사한 직원들은 줄줄이 그만두고

경력이 부단한 관리자까지 채용했지만

그러한 사람들마저

미련 없이 그만두는 상황이 지속되자

결국 사장님과 K 대리가 시간이 날 때마다

경리의 자리에 앉아 엑셀로 업무를 마무리 짓는

어이없는 상황이 자주 발생했다.

살아남는 자들로만 이루어진 곳

또한 전무님은 현장에 잠깐잠깐 나와

조립되지 않은 제품을 건성건성 몇 번 조립하고는

본인이 조립을 할 땐 불량이 안 나오는데

도대체 왜 불량이 나오냐며

이해가 안 된다는 표정으로 현장을 대강 훑어보고는

어디론가 사라져 버리고

다른 라인에서는 당장에 일을 할 사람이 없어

숙련되지 않은 아르바이트생을 급하게 채용해

일을 시키다 보니 제품의 수량을 잘못 넣는 바람에

출고된 물건이 전부 반품될 뻔한 일이

비일비재했으며

또한 일이 능숙한 사람과 일이 서툰 사람 간에

의사소통의 합이 맞지 않아 생기는 문제들까지….

현장에서 이러한 일들이

하루에도 수없이 일어나는 것을 보니

산수조차 되지 않는 어린아이들에게

장사를 맡긴 가게마냥 회사의 운영체계가

완전히 엉망진창이라는 것을 느꼈다.

한번은
물류 운반과 재고 파악이 주된 업무인 '나'에게
다가와서 하는 말이 사무직에 사람이 없다며
그 자리에 나를 보내 놓고는 일을 해 달란다….

일을 하는 건 좋다….

하지만 일을 어떻게 하는지
최소한의 설명은 해 주고 나서야 일을 시키든지
해야 하는데 여기서는 사람이 사람에게
최소한으로 일을 가르치거나
인수인계를 하는 과정이 전혀 없다….

이러한 회사의 문제점은
회사가 직원을 지정된 일과 업무에 맞게
지시하고 관리하는 자정 능력을
완전히 상실했다는 것을 알 수 있다….

살아남는 자들로만 이루어진 곳

일의 능력과 실력에 맞지 않는

직급자는 어떻게 생겨나는가?

일의 능력과 실력에 맞지 않는

직급, 관리자들은 어떻게 생겨나는가?

그것은

일에 대한 지식이나 전문성조차 없는 사람이

사장의 지인이나 친척이라는 이유만으로

거저 회사에 들어와

현장을 제대로 관리하지 못할 때….

또는

사람이 없다는 이유로
기본적인 일만 할 수 있는 단순 생산자를
억지로 데려다가 대리나 과장과 같은 관리자로
등용시키면 일의 능력과 일의 실력에 맞지 않는
관리자들이 생겨나는 것이다….

앞전의 회사와 같이 다른 회사에서 10년 이상의
오랜 경력을 가진 사람도 입사를 했지만
그러한 경력을 가진 사람들조차 회사의 상황을
받아들이지 못하고 미련 없이 퇴사하는 일이
비일비재하다 보니…

현장에서 일을 하고 있는 단순 생산자들 가운데
나름 일을 잘한다고 판단되는 사람들을
한 명씩 한 명씩 뽑아 관리자로 등용시켜
현장을 관리하게 되는 경우가 종종 생긴다….

그렇다 보니 일을 하다가 문제가 발생했을 시
관리자로서 어떻게 문제를 해결해야 하는지

살아남는 자들로만 이루어진 곳

또한 사무실에는 어떻게 보고를 하고

어떠한 요청을 해야 하는지에 대해서

아무런 경험조차 없는 단순 작업자를 데려다가

억지로 현장의 관리자로 만들어 놓았으니

회사의 운영은 엎친 데 덮친 격으로

더욱 악화되는 것이다….

단순한 일만 하던 생산직 직원이

회사의 요구로 인해 억지로 관리자가 되어

현장을 관리해야 하는 상황….

형편없는 중소기업의 특징 중 하나는

사람이 없다는 이유로 단순 생산자를 데려다가

억지로 대리나 과장과 같은 관리자로 등용시키는

상황이 계속해서 반복되는 탓에

큰 회사로 발전할 수가 없는 것이다.

4

'경력 무관, 초보 가능'이라고 적혀 있으나

실상은 전혀 다른

구인구직 사이트에 들어가 일거리를 찾다 보면
"경력 무관, 초보자 가능, 초보자 환영, 주 5일 근무
및 주말 휴일 보장"이라고 적힌 공고들을
심심치 않게 본다.

자세히 알아보려고 상세 설명란을 살펴보면

'일 경험 없는 20대 휴학생이나 주부도 할 수 있는
일.' '단순 생산 작업이라 일이 전혀 어렵지 않으니
누구나 환영합니다.'라고 적혀 있는 것을 보고는

살아남는 자들로만 이루어진 곳

'일이 생각보다 어렵지는 않구나.'라는 마음에

전화를 한번 걸어 보고 회사에서 다음 날 면접을

보자는 통보에 면접을 보러 가는 발걸음도

조금은 가벼워진다….

실제로 누구나 할 수 있다는 공고의 내용과

일치하는 곳도 있지만

그렇지 않은 곳도 종종 경험한다….

구인구직의 상세 설명란에는

경력이 무관한 초보자도 가능하다고 하였으나

면접을 보고 나서 막상 일을 해 보니

초보자가 적응하기에는

도저히 따라갈 수 없는 일의 강도

단순 생산이라는 내용을 보고 왔지만

다양한 일을 해 보지 않고선

도저히 일에 적응할 수 없는 내공의 벽을 느낀다.

겉으로는 초보 가능, 단순 생산에

어렵지 않다고 적혀 있지만 실제로 일을 해 보면

한 명이서 여러 명의 몫은

거뜬히 할 수 있길 바라는 곳이 더러 있는데…

왜 이러한 곳이 있으며 이유가 뭘까…??

여러 가지 이유가 있겠지만

그 여러 가지 이유 중에 대표적인 하나는

기업이 제품의 생산량에 비해 수익률을

많이 남기지 못하기 때문이다….

이러한 현상은 원청업체(대기업)보다는

하청업체(중소기업)에서 일을 하면서

많이 겪어 볼 수 있는데

그 원인을 살펴보면 이렇다….

본사라고도 불리는 원청업체(대기업)에서

어떠한 완성품을 만드는가에 따라

필요한 부속 품목들이 적으면 수백 개에서

많으면 수만 개가 되는데 이러한 것들을

본사에서 전부 다 생산하고 관리하기가 힘드니 이때 원청업체(대기

업)는 자신들의 부속 품목을

생산해 줄 수 있는

하청업체(중소기업)를 찾기 시작한다.

원청이 자신들의 원하는 조건에 맞고 합당한 하청을 찾으면

원청은 자신들의 생산을 하청에게 의뢰하고

하청은 그 제품을 생산하기 시작하는데

원청에서 부속 품목을 생산하여 얻는 수익이 제품 1개당 4만 원일 때

원청이 하청에게 개당 25%의 수익을 남겨 준다고 약속하면

하청업체가 남길 수 있는 이익은 제품 1개당 1만 원이다.

하청업체가 제품 1개당 1만 원의 수익을 남기고

그 제품을 만드는 데 10명의 생산 직원이 필요하며

제품 1개가 생산되는 시간이 2분이라고 한다면

2023년 최저시급이 9,620원이니

기업이 직원 10명의 시급을 줄려면

시간당 96,200원 이상의 수익을 내야 직원들의 시급은 챙겨 줄 수 있다.

그러면 제품을 20분만 생산하여도

10만 원의 이익이 생기니

직원들의 시간당 인건비는 충분히 지급하고도

나머지 40분 동안 제품을 생산해 내는 이익은 기업이 다 가져가기에

군이 인건비 때문에 사람을 줄일 필요가 없지 않냐고 반문할 수 있다….

하지만 기업의 입장에서 바라보아야 할 것들이 있다….

제품을 생산하다가 불량으로 처리된 제품들이 적잖지 않게 나와

그것을 다시 재공정할 때 드는 비용과 재공정을 할 수 없을 만큼

불량의 상태가 심각해 어쩔 수 없이 버려야 되는 제품들은

온전히 기업이 감당해야 할 손해이며 적자이다.

살아남는 자들로만 이루어진 곳

또한

직원들의 퇴직금을 비롯해 일거리가 이전보다
줄어들거나 거의 없다시피 할 때를 대비해
기업 스스로가 저축할 돈을
충분히 갖고 있어야 한다는 점….

더불어 생산 현장을 유지하기 위해 소비되는
전기세, 수도세, 직원들의 식비 그리고
제품을 생산하는 기계가 고장 났을 시
수리 비용을 포함한 현장의 총 유지비를 제외하고도
기업에게 남는 순이익이 많아야
기업이 안정적으로 운영될 수 있다….

하지만 직원들의 인건비와 기업의 총 유지비를
제외하고도 기업이 남기는 이익이 터무니없이
적거나 적자가 나기 시작하면 이러한 과정에서
기업은 생존을 위해

인건비를 절감하려 사람을 줄이고
전기세, 수도세, 직원들의 식비에 드는 비용을
어떻게든 절감하려 한다.

그렇게 해야만 기업을 유지할 수 있기 때문에….

그렇다면 생존을 위해 버티다시피 운영되는
기업에서 일을 하는 직원이 감수해야 하는
상황은 무엇인가?

1. 1명의 직원이 2~3명 이상의 생산 분량은
   충분히 감당할 수 있어야 한다.

2. 1명에서 여러 명의 일을 감당해야 하다 보니
   일하는 직원들 모두가 신입에게 일을 가르쳐 줄 수
   있는 시간적인 여유조차 없어 초보자는 일에 쉽게
   적응할 수가 없다.

살아남는 자들로만 이루어진 곳

3. 결국 일을 배우는 과정도 없이

    제품의 생산과 검수까지 완벽히 감당할 수 있는

    능력자들만 적응하게 됨.

즉… 처음 일을 접한 사람일지라도

일에 대한 감각이 타고나

무슨 일이든지 곧잘 적응해 내는 사람들만 살아남고

또 그렇게 살아남은 사람들만 모인 곳이라는 것을 알게 된다….

그리고 이러한 상황이 지속되면 지속될수록

나중엔 경력자만 채용하는 악순환이 반복된다.

이처럼

"경력 무관, 초보 가능"이라 적힌 곳에

면접을 보고 입사를 해 막상 일을 해 보고 나니

면접 때 알고 있던 것과는 다르게 '속았다.'라는 느낌을 받을 정도로

한 명의 직원이 여러 명의 일을 감당해야 하는 기업들의 특징을 살펴

보면

기업이 남기는 순이익이 적어
기업의 유지비와 인건비를 절감하지 않으면
도저히 기업을 유지할 수 없는 재정적 문제가
가장 큰 한몫을 한다.

안전에 대해

경각심이 없는 근로자들

사출 공장에서 주간 근무와 야간 근무를 오가며
생산 직원으로 있었을 때의 일이다….

공장은 조금 노후된 곳이었지만
이유 없이 고함을 치거나 잔소리를 하는 관리자들이 없어
일을 하는 것이 즐거웠던 곳이었다….

하지만 현장을 돌아다니며
인상을 찌푸리게 하는 불편한 사람들 또한 몇몇 있었다….

어떤 이는 일을 하는 도중에 담배를 피워 대며 완성된 제품을 다루었고

어떤 이는 자신이 일을 하고 있는 자리에

다 쓰고 폐기되어야 될 기름이 기름통에 한가득 있는데도 불구하고

지포라이터로 불을 붙이며 담배를 피워 대는 모습을 종종 보았다.

담배를 피워서 방화와 같은 안전사고에 지장이 없으면 누구도 상관

하지 않겠지만

기름과 불이 만나 대형 화재로 번질 수 있는 상황으로 이어진다면

정말 위험한 상황이 아닐 수 없다.

허나 찐할 정도로 불길한 징조를 느끼면 절반 이상은 현실이 되어 다

가오던가?

이곳에 입사를 하고 서서히 일에 적응을 할 때쯤 우려했던 상황이 일

어났다.

내가 있던 주간 팀이 야간 팀과의 근무 교대를 하고 퇴근을 하려던

찰나

야간 팀 관리자들이 고함을 치며 어디론가 뛰어갔다

고함 소리를 들은 나는 본능적으로 야간 팀 관리자들을 따라가 보았고

따라가 본 그곳엔 화재가 일어나 있었다….

야간 팀 직원 한 명이 생산 현장에서 담배를 피우다가 불을 낸 것이다.

화재는 순식간에 일어났고 주변에 있던 사람들은

불량으로 처리된 제품을 담아 둘 때 사용하는 포대자루와

소화기까지 동원해서 급하게 불을 꺼 보았지만

불은 꺼지지 않고 오히려 기계에까지 번졌고

인근에서 출동한 소방차가 오고 나서야 겨우 화재를 진압할 수 있었다.

다음 날 아침 나는 평소보다 조금 더 일찍 출근을 했고

불이 났었던 현장을 다시 가 보니

시커멓게 타 버린 기계가 어제 참혹했던 화재의 상황을 그대로 나타

내 주고 있었다….

그렇게 시간이 조금 흘러

출근을 하신 사장님이 주간 팀, 야간 팀 인원들을 전원 소집시켰다….

그리고 화가 난 사장님이 가까스로 분노를 가라앉히며 말했다….

"어제 무슨 일이 일어났는지 다들 아시죠?

현장에서 누가 담배를 피우다가 불이 났는데

완전히 공장을 다 태워 먹을 뻔했어요.
이제부터 현장에서 흡연하다가 적발되면
가만 안 둡니다. 각오하세요!"라는 말과 함께
안전에 대한 몇 가지 충고와 일침을 더 하고는
사무실로 돌아가셨다.

그리고 불을 낸 직원은 해고된 것인지 모르겠지만
그 뒤로는 보이지 않았다….

이 일을 하기 이전에 자동차 부품을 만드는 곳에서
잠깐 일을 했었을 때에도 이와 비슷한 경험이 있었다.

내가 일했던 곳의 반대편 라인은 생산된 제품들이 파레트에 빨리 쌓여
지게차가 수시로 왕래하는 곳이었다….

한번은 파레트에 쌓인 제품을 실으려고 지게차가 달려오고 있었는데
한 작업자가 달려오는 지게차 앞을 가까스로 가로질러 지나가는 것
이었다….

살아남는 자들로만 이루어진 곳

내가 그 사람에게 다가가서

안 위험하냐고 물어보니

돌아서 지나가기가 귀찮다는 이유로 그랬단다….

하기야…

적당한 편리를 추구하고자 하는 데서 나오는

사소한 일탈조차 이해하지 못하는 건 아니다.

깊은 밤 자정이 넘은 새벽…

자동차가 거의 지나다니지 않는 횡단보도에서

신호등의 무의미한 빨간불을 무시하고

무단 횡단을 했던 경험은 누구나 한 번씩은 있을 것이다….

그러나 대낮에 수십 대에서 수백 대의 자동차가

지나가는 곳에서 무단 횡단을 하는 이들은
제정신이 아니고선 거의 없을 것이다….

이처럼 지게차가 수시로 왕래하는 생산 현장에서
자칫하면 크게 다칠 수 있는 행동을 스스로 자처하려는 근로자

그리고 자신이 일을 하는 자리에 폐기되어야 할 기름이
한가득씩이나 있는데도 불구하고
담배를 피우다가 공장에 불을 내어 버린 근로자

즉… 안전보단 위험을 즐기려는 이들이 있기에

현장에선 크고 작은 사고들이 끊이질 않는다….

살아남는 자들로만 이루어진 곳

2

다양한 경험에서 느낀 문제들

❶

일과는

전혀 상관없는 것들

건어물을 만드는 식품 공장에서 일을 할 때였다.

첫 출근과 동시에 사람들의 고함치는 소리에

정신이 아득했다….

기본적이고 간단한 일조차 서툰 탓에

욕과 폭언을 수도 없이 듣는다면

그건 일이 서툰 근로자가

어쩔 수 없이 받아들여야 하는 상황이겠지만

살아남는 자들로만 이루어진 곳

이곳에서는

윗사람에게 예의 바르게 행동하며

일을 능숙히 잘하는 사람에게도

여전히 욕을 하며 고함을 친다.

이러한 곳은 일을 잘하건 못하건 상관없이

사람대우를 받지 못하는 곳임에는

틀림없는 것 같다.

능숙히 일을 잘하고 있는 근로자의 옆에서 수시로

일과는 전혀 상관없는 잔소리와 폭언을

해 대는 것.

현장의 분위기가 살벌할 정도로 엄숙한 곳에는

필연적으로 떼려야 뗄 수 없는 3가지 특징이 있다.

1. 안전에 부주의하다가 다치면 크나큰 인명사고로 이어지는 곳

2. 작업자의 부주의로 불량이 걷잡을 수 없이 나와 회사의 손실이 클 때

3. 기계의 작동하는 소리 및 현장의 소음이 너무 커서 고함을 치듯 말
   하지 않으면 전혀 의사소통이 안 되는 곳

그러나 1, 2, 3번과 같은 이유도 없이
포장된 제품을 단순히 파레트에 쌓기만 하면 되는
곳에서조차 삭막한 분위기가 유지된다면
도대체 이 상황을 어떻게 해석해야 될까?

어떠한 이유가 있을까 하며 고민해 보고
또 해 보았지만 그럴 듯한 이유를 찾지 못했다….

일을 잘하는데도 불구하고
사람이 계속해서 그만둔다면
일과는 전혀 상관없는 폭언과 잔소리 그리고
삭막한 분위기가 크나큰 한몫을 한다고 본다.

2

끈기가 없어서? 다양한 경험을 가진

경력자들조차 그만두는 이유

나이 드신 분들이 요즘 젊은이들을 보며

입버릇처럼 하는 말이 있다….

"요즘 것들은 왜 이렇게 끈기가 없어?"

이때의 흔히 끈기가 없다는 말의 의미는…

한 직장에 오랫동안 정착하지 못하고

쉽게 퇴사하는 사회 초년생의 모습을

빗댄 의미라고 할 수 있겠다.

하지만 그렇게 그만두는 사람들 중엔

오랜 경력을 갖춘 경력자들도 의외로 많다.

일의 업종을 불문하고 여러 방면에서 경험과 능력을
인정받은 경력자들마저 회사의 요건을 받아들이지
못하고 그만둔다면 그건 일을 하고 있는
현장에 이유가 있다고 생각한다….

내가 여러 곳에서 일을 하며
정말 일을 잘하는 경력자임에도 불구하고
그런 경력자들마저 미련 없이 퇴사하며
나에게 말한 그만두는 이유들 중에
대략적으로 일치하는 이유를 모아 5가지로 정리를 해 보았다….

능력 있는 경력자들마저 미련 없이 퇴사하는 곳들의 5가지 특징

1. 사장을 포함한 관리자들이 회사에 무관심해
   작업 현장이 방치되다시피 운영되는 곳

2. 언제 망해도 전혀 이상하지 않을 것 같은
   열약한 근무 시설과 환경을 갖춘 곳

3. 일의 과정과 지시가 엉망진창인 곳

살아남는 자들로만 이루어진 곳

4. 일하는 현장의 분위기가 지나칠 정도로
   엄숙하거나 살벌해 사람을 상대하기가 힘든 곳

5. 생산 및 작업량이 일정하지 않아 어떤 때는
   주 3일간만 일을 하거나 어떤 때는 주 6일에
   잔업까지 일을 하는 상황들이 자주 반복되어
   월급이 일정하게 지급되지 않는 곳

양과 질…

모든 것을 만족시켜라

식품 업체에서 일을 할 때였다.

한창 바쁘게 일을 하고 있는 와중

사무실의 직원이 작업 현장에 와서

A4 용지에 적힌 생산 계획서를 보여 주며

품질과 생산량 둘 다 신경 써 달라는

잔소리 섞인 부탁을 하고는 사무실로 돌아갔다.

나를 포함한 현장의 생산 직원들은

생산 계획서에 적힌 생산량을 보며 허탈감에 잠겼고

집으로 가는 퇴근길에 생산 직원들끼리

여러 가지 불만 섞인 이야기들을 나누었다.

일을 하는 직원들 가운데 몇 명을 제외하고는

사람인지 기계인지 분간이 안 갈 만큼

고도의 뛰어난 숙련자들

그러나… 그런 숙련자들조차

계획서에 적힌 생산량을 읽고는

도저히 불가능하다고 입을 모아 말한다.

여러 생산 현장에서

일을 해 보며 느끼는 거지만

생산하는 물량에 집중하면

제품의 품질이 떨어질 수밖에 없고

제품의 품질에 집중하면

생산하는 물량은 줄어들 수밖에 없다.

제조업의 생산에 있어

영원한 숙제라고도 할 수 있는 문제 중 하나인데

이러한 문제에 대해 현실적인 대책은 전혀 없으면서

사무실에서는 무조건 물량과 품질을 만족시키라며

직원들에게 작업을 밀어붙인다.

그리고 그렇게 현실적인 대책 없이

무작정 생산을 해 본 결과는 처참했다.

적은 인원으로 많은 물량을 생산하며

제품의 품질까지 전부 검사해야 하는 상황 속에서

만성적인 피로에 시달린 작업자들은

본능적으로 품질보다는 물량을 중심으로 한 생산에 치우치게 된다.

생산이 품질보다는 물량 쪽으로 치우치니

불량은 자꾸 늘어만 가고

불량이 많이 나온다는 보고를 받은 사무실에선

부랴부랴 현장으로 뛰어와 사태를 파악하고는
이번엔 물량보다는 품질에 초점을 두어 생산 작업을
진행해 보자고 한다.

그렇게 작업 계획은 물량보단 품질에
신경을 쓰는 쪽으로 집중이 되고
그렇게 하루가 지나고 이틀이 지나면
불량은 거의 없다 싶을 만큼 현저히 준다.

하지만 생산량이 절반 가까이 감소된다.

그리고 생산량이 절반 가까이 감소했다는 보고를
받은 사무실의 직원이 현장으로 뛰어와
이번엔 공장의 유지비나 인건비를 감당하기엔
생산량이 터무니없이 부족하다며 생산 계획은
또다시 품질보다는 물량 쪽으로 치우치게 된다.

이러한 업체의 문제점은 이러한 상황의 반복이다.

그나마 극도의 숙련을 거친 경력자들이

어떻게든 불량을 줄여 가며
제품을 생산하는 덕분에 업체를 유지시킨다.

그렇다면 이러한 생산 체계의
구조적인 문제는 무엇인가?

고도의 숙련자가
업체의 생산량을 유지하기 때문에
숙련된 직원들이 퇴사를 해 버리면
현장의 생산이 진행되지 않는 것이다.
충분히 인수인계를 해 주고 난 뒤 퇴사하면
되지 않냐고 되물어 볼 수도 있지만 급작스레
1~2달 가까이 일을 배워선 업체가 요구하는
살인적인 물량과 까탈스러운 품질의 검수를 당장에
감당할 수 있는 정도의 수준이 안 되기 때문에….

그러나

위에서는 이러한 상황을 아는지 모르는지
출근을 하고 생산이 시작되면 항상 그랬듯

살아남는 자들로만 이루어진 곳

사무실의 직원이 부랴부랴 현장에 달려와

생산 직원들에게 말한다.

"양과 질…, 모든 것을 만족시켜라."라고.

4

가족 회사의 파워!

그리고 한계…

회사의 관리자가

전부 가족들로 이루어진 곳들이 있다….

예를 들면

아버지는 사장

큰아들은 부장

사촌형은 과장

작은아들은 대리

이렇게 가족으로 이루어진 회사

살아남는 자들로만 이루어진 곳

가족 같은 분위기와 함께 체계적인 운영 관리를
갖춘 곳도 있지만 회사의 관리가 형편없을 만큼의
엉망진창인 곳도 있다.

다른 곳에서 제대로 일을 해 본 적도 없고
회사가 맡고 있는 일에 대해 제대로 알지도
못하지만 가족이라는 이유만으로 회사에 거저
들어와 과장 또는 부장과 같은 높은 직급을 달고
일을 하는 이들…. 흔히 '낙하산'이라고도 불리는
이들이 관리자로서 직책을 부여받고
회사를 운영하게 되면 어떠한 문제들이 나타날까?

일이라는 것을 해 본 사람은 안다….

과장, 부장, 상무와 같은 직책…. 이러한 직책은
한 사람이 얼마나 일을 능력 있게 할 수 있는가에
대한 경험의 산물이자 실력의 징표….
그리고 직책이라는 건 단순히 그 자리를
흉내만 낸다고 되는 게 아니라는 것을….

자신의 힘으로 면접을 보고 입사를 해 남들과
똑같은 입장과 조건 속에서 일을 해 보았을 때
비로소 얻을 수 있는 실력과 능력이라는 것이 있다.

그렇게 밑에서부터 여러 가지 일도 해 보며
다양한 경험을 겪으면서 실력과 능력이 쌓이고
그렇게 실력과 능력이 쌓이고 난 뒤 관리자가
되었을 때 회사를 운영하는 감이라는 것이 생기는데

가족 회사로 이루어진 대부분의 무능한 관리자들은
남의 밑에서 일을 해 본 경험이 부족하거나 거의
없다시피 하기에 일을 하다가 막상 문제가 생기면
관리자로서 문제 해결 능력은 제로에 가깝고
오히려 상황에 맞지 않는 지시와 엉뚱한 지적을
해 대는 경우를 많이 본다.

설령 본인들의 지시로 일이 잘못되었음에도
아버지가 사장, 형이 부장, 사촌형이 과장이라는
이유만으로 이들 사이에선 잘못에 대해
크게 책임을 묻는 일들이 없기 때문에

살아남는 자들로만 이루어진 곳

어떠한 잘못이나 지적에 대한 두려움도 없다.

이러한 회사가 체계적인 운영을 갖추려면
관리자의 잘못된 지시로 인해 일에 문제가
생겼을 시 같이 일을 하는 직원들과 서로 해결책을
강구하며 상생하는 모습이 오고 가고 해야 하는데
본인들이 잘못한 것에 대해서는 서로가 가족이라는
이유만으로 무조건 감싸 돌거나 오히려 그 책임을
아무런 잘못도 없는 직원들에게 떠넘기는 모습을
많이 보았다.

일에 대해 제대로 알지 못하는 관리자가
자신들의 무능한 지시로 인해 생기는 문제와 결과를
잘못도 없는 밑의 사람들에게 책임을 전가시키는 상습적 행위들….
이러한 것들을 많이 보고 겪은 직원들의 입장에서는
일의 의욕과 사기가 떨어지는 것은 물론
관리자들의 무능함까지 더해져 능률적인 일 처리는 더더욱 안 되는
것이다.

본인 멋대로 해도 주의를 주거나
훈계를 할 사람조차 없는 본인들만의 무법천지를
이루고 있는 동시에 본인들이 회사의 관리자로서
일의 능력이 뒷받침되지 못하는데
이러면서 회사가 번창하고 성장하기를 원한다고?

그러니 가족 범위에서 더 성장하지를 못하는 것이다.

5

외국인 근로자들 위주로

가동되는 공장들의 특징

일자리를 찾던 중에 자동차의 시트에 들어가는

고무 가죽을 생산한다는 내용의 구인 광고를 보고는

점심, 저녁 제공에 근무 시간은 12시간 정도로

위치도 집하고 그리 멀지 않아 그곳에 전화를

해 보았다.

전화를 받은 면접 담당자는 다음 날 면접을

보자고 했고 그렇게 다음 날 공장을 찾아가

면접을 보고 난 뒤 현장 관리자의

설명과 안내를 받으며 현장을 둘러보았다.

현장을 둘러보니 공장의 곳곳엔

중앙아시아나 동남아시아에서 일을 하러 온
외국인 근로자들이 한국인들보다 더 많았다.

나는 현장을 둘러본 뒤 다음날 출근을
하기로 했고 다음날 아침 7시 반에 공장에 도착해
옷을 갈아입고 8시부터 일을 시작했다.

하루가 흘러가는 동안 별 탈 없이 일을 하며
퇴근을 앞둔 오후 8시가 다 되어 가자
현장 관리자인 차장님이 나에게 달려와 1시간 정도
잔업 좀 해 줄 수 있냐고 부탁을 했고 나는
아무런 의심 없이 "네, 가능합니다."라고 말했다.

그리고 9시가 다 되어 갈 무렵 또다시 차장님이
나에게 와서 1시간 더 잔업 해 줄 수 있냐고
물었다. 나는 "네."라고 말을 했지만 이때부턴
뭔가 석연치 않은 느낌이 들기 시작했다….

그리고 10시가 다 되어 갈 무렵 또다시 차장님이
나에게 와서 1시간 더 잔업 해 줄 수 있냐고

물어보았고 나는 "네."라고 말했지만 마음은
자포자기한 심정으로 계속해서 일을 이어 나갔다.

…….
11시가 지났다….

아무도 퇴근을 하려는 움직임이 없다.

퇴근을 할 수 있다는 생각은 던져 버린 채
그렇게 넋을 놓고 있을 무렵
1시간 20분이 더 지나고 난 12시 20분쯤….
그제서야 일이 끝났다.

차장님이 나에게 허겁지겁 뛰어와 '수고했다. 고생했고 내일 보자.'라
는 말과 함께 각자가 다들 퇴근을 하느라 정신이 없었다.

저녁을 먹고 난 뒤 일을 하느라 보지 못했던 스마트폰을 꺼내 보니
오후 9시 이후로 부모님한테서 10통 이상의 전화가 들어와 있었다.
나는 바로 전화를 걸었고
신호가 제대로 가기도 전에 부모님이 칼같이 전화를 받으셨다.

'아들아! 집에 늦게 오면 늦게 온다고 문자라도 남겨 주지
이제까지 전화는 왜 안 받은 거니?'라며
늦은 시간까지 집에 오지 않던 나를 걱정하는 목소리가 가득했다.

늦어도 9시 정도면 집에 도착할 줄 알았던 내가 도무지 집에 오지도
않고
전화를 해도 받지를 않으니 자식 걱정에 계속해서 전화를 걸었던 것
이었다….

나는 늦게 마쳐서 전화를 못 받았다는 말과 함께 서둘러 택시를 타고
집에 왔고
집에 도착하니 시계는 12시 40분을 갓 넘고 있었다.

부모님은 '지금 시대가 어느 시대인데 입사 첫날부터 일을 이렇게 오
래 시키냐?'며
나에게 핀잔 섞인 말들을 했고 그렇게 이런저런 이야기를 나눈 끝에
'그만두는 게 좋겠다.'라는 결론을 내렸다.

그리고 아침에 출근을 한 뒤 차장님께 말했다.

'차장님… 저 어제 하루 일을 해 보니
알고 있었던 것과는 달리 근무 시간이 12시간을
훌쩍 넘어 일을 오래 다니지는 못할 것 같습니다.
집에서도 부모님이 걱정을 많이 하고요….'

그 말을 들은 차장님은 이제 갓 입사한 신입이
오래 일하지 못하고 그만두는 이런 상황이
익숙하다는 듯 웃는 얼굴로 '그만둔다는 얘기로
받아들이면 되지? 그래…. 고생했다.'라는
말과 함께 현장으로 돌아갔다.

괜찮은 직장에 취직해 부단히 일을 할 줄 알았건만
한곳에 오랫동안 일하지 못하고
하루 만에 그만두는 내 자신이 한심했고 초라했다.

얼마 뒤 오랜만에 친구들과의 만남을 가졌고
나는 내가 겪은 일을 이야기해 주었다.

나의 말을 들은 친구들은 사람들이 얼마 못 버티고
그만두는 곳에는 다 이유가 있다며 친구들도

자신들이 일을 하며 겪은 경험들을 말하였다.

한 친구는 괜찮은 직장인 줄 알고 갔는데 일에
필요한 작업 도구들을 지급해 주지 않아 자신의
개인 사비를 들여서 충당했던 경험을 얘기하였고
다른 친구는 월요일부터 토요일까지는 물론
일요일도 오전 근무만 하고 퇴근을 했던 곳이
있었다는 등 서로의 얘기를 들어 보니 오로지
나만이 겪을 수 있을 법한 경험은 아닌 듯했다.

친구들과 헤어지고 난 뒤
집에 돌아오면서 이런저런 생각을 했다.

근로시간이 지나치게 길다든가
일을 하며 당연히 지급해 주어야 할 작업 도구를
지급해 주지 않는다든가
쉬는 날도 없이 연중무휴에 가깝게 일을 시킨다거나

사람들이 오래 일하지 못하고
그만두는 데는 나름의 이유들이 있다고….

자국민인 한국인은 오랫동안 일을 하지 못하고
타국에서 독한 마음을 품고 한국에 돈을 벌러 온
외국인 근로자들이 버팀목이 되어 가동되는
공장들의 특징을 말이다….

6

일반의 생산직 업체가 외국인 근로자들로

채워지기까지의 과정

겉으로 보았을 땐 아무런 문제가 없어 보이는

공장이 외국인 근로자들로 가득 채워지기까지는

어떠한 과정을 거치는가?

예를 들어 A라는 공장이 있다.

A라는 공장에서 사람을 모집한다는 구인 공고를

올리면 그 공장에 많은 확률로 입사 지원을 하는

사람은 대부분 그 공장과 가까운 곳에 거주하는

사람들일 것이다.

그렇게 A 공장은 공장에서

가까운 곳에 거주하는 사람들 위주로

많은 생산 인원들이 채워진다.

그러나 일을 해 본 결과 근무 환경이 열악하다거나

주말도 없이 연중무휴에 가깝게 일을 시킨다거나

또는 일터의 분위기가 험하고 삭막해서

입사를 한 직원들이 얼마 버티지 못하고 계속해서

퇴사를 하게 되면

퇴사를 한 사람들 위주로 A라는 공장이

좋지 않다는 이야기가 주변의 사람들에게 소문이 나기 시작한다.

그렇게 A 공장이 안 좋다는 입소문이 나기

시작하면 그 지역 사람들 대부분은 더 이상

면접을 지원하지 않는다….

A 공장은

계속해서 사람을 모집한다는 구인 공고를 올리지만

그 지역 사람들로부터 더 이상의 지원자가 없을 때

공장은 흔히 '아웃소싱'이라고도 불리는

인력만 전문적으로 지원해 줄 수 있는 외주 업체를

찾기 시작하고

그렇게 사람만 전문적으로 지원해 줄 수 있는

아웃소싱 업체(인력 공급 업체)들을 찾아

인력에 대한 지원을 의뢰하기 시작하면

아웃소싱 업체는 A 공장에 대해 잘 알지 못하거나

먼 지역에 거주하는 사람들을 A 공장에

소개시켜 주며 사람들을 모집하기 시작한다….

그렇게 아웃소싱 업체를 통해 모집된 사람들은

A 공장에 입사를 해 일을 하지만

소속은 A 공장 소속이 아닌 아웃소싱 업체에

소속된 사람으로서 일을 하게 된다.

그러나

아웃소싱 업체와 같은 외주 업체들로부터

사람들을 지원받아 생산 인원을 충당시켜도

거기서 온 사람들마저 A 공장의 근무 환경과 조건을

견디다 못해 입사와 퇴사를 밥 먹듯 해 버리는

상황이 반복되기 시작하면 A 공장은 최후의

수단으로 악조건 속에서도 성실하고 근면하게

일을 할 수 있는 외국인 근로자들 위주로 인원을

모집하기 시작하고

그렇게 모집된 외국인 근로자들 가운데서도

A 공장의 열악한 환경과 조건을 버티고 견뎌 낸

자들만이 근로자로서 살아남게 된다….

한 공장이 한국인에서

외국인 근로자들로만 가득 채워지기까지는

보통 이러한 과정을 거친다고 보면 된다….

7

지금 갑의 입장에 있는 그들도

서러웠던 을의 시절이 있었다

분체도장에서 일을 할 때였다….

일을 어떻게 하는지 가르쳐 주기도 전에
무작정 소리부터 지르니
충분히 잘해 낼 수 있는
일에도 당황하고 서툴게 된다.

무슨 일이든지 잘하는 사람도
험악한 분위기 속에
정신과 육체가 주눅 들어 버리면
단순한 일에도 서툴러하는 모습을
종종 겪지 않는가….

욕과 고성이 수시로 오고 가고 하는

이러한 상황 속에서

근로자가 아무런 생각이 없지 않는 이상은

스스로가 일을 잘하려고 노력한다.

사장님을 포함한 관리자들이

어떻게 일을 하는지 유심히 보면서

a 작업을 할 때, b 작업을 할 때

준비했던 도구들은 무엇인지

또는 갑작스레 생산 계획이 바뀌면

어떻게 대처해야 하는지에 대한 것들

이러한 것들을 시간이 날 때마다

수첩에 간략히 적어 두고는 퇴근을 하고 집에 오면

수첩을 꺼내어 적어 놓은 내용을 읽고 외우면서

그 상황을 최대한 이해하려고 노력한다….

그렇게 눈치껏 틈틈이 메모해 놓았던 것들을

충분히 숙지한 다음 일이 시작되면

전번에 지적당했던 상황에 맞게 작업 도구를

챙겨 놓고 현장을 준비해 놓았음에도 불구하고

"이 XX야, 이건 이렇게 하는 게 아니다!!"

"XX놈아, 왜 여기에 갖다 놓았냐고!!"라며

본인들의 기분에 따라 말이 확 바뀌는
사면초가의 상황을 수시로 경험하곤 했다….

그리고 그만두기로 결심한 그날은
그 욕과 고함 소리가 유독 심한 날이었다.

6개월간 욕과 고함 소리를 밥 먹듯 들으며
일을 하던 내가 참다 참다 못해
당장 손에 쥐고 있는 작업 도구를
바닥에 내팽개치며 뛰쳐나가고 싶은 충동이
굴뚝같이 들었지만 어떻게든 끓어오르는
분노를 가라앉히며 가까스로 하루를 조용히 넘겼다.

일을 마치고 난 뒤 더 이상 이곳에

실오라기만큼의 미련조차 없어진 나는

그만둔다는 통보를 하려고 사무실로 갔지만

퇴근을 하고 아무도 없었다.

그리고 주말인 다음 날

사장님께 직접 전화를 드렸다.

전화로 그만두겠다는 나의 말을 들은 사장님은

월요일 출근을 한 다음에 차근차근 얘기해 보자며 전화를 끊으셨고

그렇게 월요일 아침

출근을 한 뒤 일이 시작될 때쯤 사장님이 나에게

다가와 사무실로 와서 이야기를 좀 하자며

나를 불렀다.

평소 강압적인 모습의 사장님과는 다르게

차분하고 점잖은 태도로 나를 맞이했다.

"여태까지 잘하고 있는 듯싶더니 무엇 때문에

그만두려고 하냐?"라는 사장님의 질문에 나는 그동안

일을 하면서 느꼈던 불만들을 모두 말했다….

그러자 사장님은

자신이 살아오며 겪었던 인생 이야기를 꺼내었다.

여러 공장을 두루 다니며

남 밑에서 월급을 받고 일을 하던 시절

그 시절부터 일을 하며 보고 듣고 배운 건

푸대접, 욕, 손가락질, 인격 모독

그렇게 젊은 시절부터 남 밑에서 일을 해 오며

악착같이 돈을 모아 공장을 차렸지만

막상 사장이 되어 일을 지시하다 보니 남 밑에서

일을 하던 시절부터 일상처럼 들었던 폭언들이

자신도 모르게 말과 행동으로 나와 버린다고 하였다.

하물며 생산 작업에 필요한 원료 값이나

직원들의 인건비는 해마다 올라가는데

일거리는 예전보다 줄어들어 공장의 이익은

계속해서 떨어지니 그러한 것들에서 오는

스트레스로 인해 말 못 할 짜증이 나기 시작하면

살아남는 자들로만 이루어진 곳

아무런 잘못도 없는 직원들에게 괜히 화가 나기도 한다면서
'결국엔 모든 게 다 돈이더라.'라는 말과 함께
이야기를 마무리하셨다.

그렇게 사장님과의 대화가 끝나고 난 뒤
일을 마치고 집으로 돌아오는 길에
여러 생각을 해 보았다.

일을 하면서 실수를 하거나
윗사람의 마음에 들지 않으면
스패너나 망치와 같은 도구로 맞아 가며
울면서 일을 했던 것이 당연하던 시절

그 시절 때부터 욕과 손가락질을 받으며
자신도 모르게 형성돼 버린 인격체는
세월이 흘러 어느샌가
자신의 또 다른 자아가 되어 있다.

그리고 느낀다.

가족으로부터 회사나 공장을
거저 물려받은 재벌 2, 3세가 아닌 이상은
남의 밑에서 월급을 받고 일을 하던 시절부터
지금 이 자리에 오기까지의 사장님도 한땐
누구보다 처참한 대우를 받았던 '을'이었다는 것을.

3

생각지도 못한 곳에서 느낀
위로와 감동

진흙탕 속에
버려진 천사

한숨을 내쉬며 직장으로 출근을 한다.

출근을 하고 일이 시작되면
일이 시작됨과 동시에 곳곳엔 온갖 고성과 욕이
아무렇지 않게 난무한다.

허나

고함과 폭언이 빗발치는 현장 속에서
일터의 각박한 환경과 분위기에 젖어
이미 인성 파탄자가 되어 버린

살아남는 자들로만 이루어진 곳

주변의 사람들과는 다르게
환한 미소를 지으며 묵묵히 일을 하는
누나가 한 명 있었다.

그 누나는 쉬는 시간이 되면
가끔씩 나에게 다가와 마실 것을 갖다주며

"일 힘들지?? 조금만 버티다 보면 적응되고
할 만해질 거야. 힘내!"라며 작은 위로의 말을
건네주곤 했다.

그리고 나는 생각했다

"정말 지옥과도 다를 바 없는 이런 작업 환경
속에서 어쩌면 이토록 온화한 인성과 인품을
유지할 수 있을까?"라고.

여러 직장을 다니면서
여러 사람을 만나 보며 느낀 거지만

욕이 아무렇지 않게 오고가고 하는 일터 속에

가식적인 예의로

자기 자신을 치장하고 있는 사람은

얼마 가지 않아 그 가면이

쉽게 벗겨지는 모습을 종종 보았기에

결코 그 예의를

오랫동안 유지할 수가 없다는 것을 알고 있다.

사람을 잡아먹을 듯한

욕과 고함 소리가 수시로 오고 가며

서로에 대한 배려라고는

전혀 찾아볼 수 없는 그곳에서

오랜 시간 동안 일을 해 왔음에도 불구하고

자신의 순수함과 온화함을 잃지 않는 사람들….

가식에서 우러나오는 친절과 예의가 얼마 못 가

금방 탄로 나는 것과는 그 결 자체가 틀린

천사와 같은 사람들….

사회에 나가 직장 생활을 하며

거만함과 무례함이

온몸에 배어 있는 사람들과

크고 작은 갈등으로 인해

한 번씩 인내심의 한계가 찾아올 때마다

진흙탕 속에서 웃음을 잃지 않고

일을 하던 한 명의 천사

그 천사에게 느낀 감동을 떠올리며…

또다시 마음을 추스린다.

2

손님에게 무작정

친절하게 대한 결과

하루가 어떻게 흘러가는지 모를 만큼

정신없이 일을 하다 보니 몸도 지치고

정신은 더더욱 지쳐 있었던 탓이었을까?

무언가에 열심히 몰두하고자 하는 의욕은

점점 상실되어 가고 하고 있는 일조차

손에 잡히지 않으니

다니고 있던 직장을 그만두었다.

그리고는 한동안 느껴 보지 못했던 휴식을 취했다.

살아남는 자들로만 이루어진 곳

그동안 정신없이 일을 하느라 보지 못했던
TV 프로그램과 평소에 좋아하던 유튜브 채널의
동영상들을 연달아 보며 늦게 잠들고 늦잠으로
일어나 느긋하게 씻고 밥을 먹고 시내에 나가
그동안 해 보지 못한 것들을 해 보며
자유의 시간을 만끽하고 있었다.

하지만 그러한 휴식도 얼마 못 가
그동안 일을 하며 저축해 온 돈이 점점 떨어지니
구인구직 사이트에서
일자리를 찾고 있는 나 자신을 발견하고 있었다.

하….

이때까지 너무 힘들었던 곳에서만
일을 했던 탓이었을까?
지옥 같은 직장에서 오래 버티지도 못하고
탈출하다시피 나왔는데

또다시 직장을 찾고자 하니

당분간은 어딘가에 정식으로 입사를 해

정직원으로서 일을 한다는 것에 대해

현기증이 느껴졌다….

한참을 망설이며 이러한 저러한 고민 끝에

아르바이트 위주로 일을 찾아보았고

그렇게 아르바이트 구인구직 사이트에 들어가

여기저기를 훑어보며 찾다 보니

집하고도 그리 멀지 않은 곳에 있는 편의점에서

사람을 모집한다는 공고를 보고 그곳에 전화를 해

찾아가 편의점 점장님께 면접을 보았다.

점장님이 앉아 있는 책상에는

이력서가 한 뭉텅이씩이나 쌓여 있었고

쌓여 있는 이력서들을 보니

요즘은 편의점 아르바이트생으로 채용되는 것도

대기업 면접에서 합격하는 것마냥 하늘의 별 따기라며

풍문으로 떠돌던 말이 절실히 체감되었다.

살아남는 자들로만 이루어진 곳

그와 더불어 '과연 내가 채용이 되기는 할까…'라는
불안감도 들기 시작했다.

하지만 그러한 불안감도 잠시
점장님은 내가 건넨 이력서를 몇 번 정도
훑어보고는 나의 말하는 태도와 느낌이 좋다며
바로 채용을 하겠다고 하셨고 그렇게 며칠간
POS기(계산기)를 다루며 가벼운 견습을 마친 뒤
편의점 야간 아르바이트의 경험이 시작되었다.

편의점에서 일을 해 보니 도시락을 포함한
물류가 들어올 때와 담배 재고 파악을 할 때
그리고 자정이 지나 하루 동안 계산된 총금액을
정산할 때만큼은 조금 바빴었지만
그래도 공장에 비해 몸이 너무 편했다….

그러나 손님을 상대하다 보니
별의별 손님들이 다 오는데

어떤 손님은 해당 편의점에서는 전혀 판매하지 않는
제품을 찾아 달라 하기도 하고

단골손님들 가운데 몇몇 손님들은
자신이 피우는 담배를 말하지 않아도
알아서 줘야 되는 손님도 있다.

어쩌다가 단골손님이 사던 담배가 기억이 나질
않아 '혹시 무슨 담배 피우셨죠?'라고 되물어 보면
'야! 저번에 말해 주었잖아!'라며
대뜸 호통을 치기도 하고

어떤 손님은 술에 잔뜩 취한 채 편의점 물건을
한가득 가져와서 계산은 하지 않고 '나하고 너희
점장하고 아는 사이니깐 외상 좀 해 줘.'라며
날강도와 같은 사람들까지 편의점 또한
아주 다양한 진상 손님들의 집합체임을
그렇게 일을 해 보며 알게 된다.

그러한 진상 손님들 가운데서도

가장 진상으로 기억되는 부류들이 있다면

편의점에서 일을 한다는 자체를
무시하는 듯한 말투와 함께
카드를 던지다시피 하는 사람들이
제일 기억에 남는다.

하지만 나는 폭언과 인격 모독을 당하는 것이
일상이었던 공장 일보다는 편의점에서
아르바이트를 하는 것이 훨씬 편했던 탓이었을까….

아르바이트생으로 일하는 기간 동안
진상처럼 행동하는 손님들에게도
계속해서 친절한 태도로 응대해 보았다.

무례하게 행동하는 손님이
온전한 태도로 변화되길 바라며
한 행동도 아니었고

그렇다고 손님에게
친절함의 대가를 바라고 한 행동도 아니었지만

그렇게 시간이 흐르다 보니 진상 행동을 하던
손님들 가운데 점차 무례한 말투나 행동이 없어지고
겸허한 태도로 조금씩 변하는 사람들이
생기기 시작했다….

어떤 진상 손님은
담배를 고를 때마다 일삼았던 반말이
존댓말로 바뀌기도 하고

어떤 진상 손님은
내가 계산을 마치고 두 손으로 정중히
건네는 카드를 똑같이 정중히 받기도 하며

어떤 진상 손님은
나의 친절한 태도가 마음에 든다며
음료수를 하나씩 사 주고 가기도 했다.

살아남는 자들로만 이루어진 곳

그리고 나 또한

진상 손님이 겸허한 태도로 변화되어 가는

그 모습이 믿겨지지 않아 아르바이트를

하면서 여러 생각들을 해 보았다….

진상적 언행을 일삼던 손님이

겸허한 태도로 변한 이유에 대해선

정확히 알 수는 없지만

이러한 것들을 겪어 보고 나니

사람은 어떠한 사람을 만나는가에 따라

부정적으로 변하기도 하지만

반대로 어떠한 사람을 만나느냐에 따라

긍정적으로 변하는 것 같기도 하다.

하지만

계속해서 친절하게 응대하는 나의 태도를
대놓고 비웃기라도 하는 듯
이전보다 더 거만하고 더 건방진 태도로
일관하는 진상 손님들도 있었다….

허나 생각지도 않은 곳에서
한 가지 깨닫는 것이 있다.

그것은

무례한 행동을 일삼는 사람한테도
조건 없는 예의와 친절로 연이어 되받아치면
대부분은 그 예의와 친절함을
닮아 가려고 한다는 것을….

살아남는 자들로만 이루어진 곳

3

편의점…

그곳은 또 다른 심야 식당

〈심야 식당〉이라는 일본 드라마가 있다.

골목 허름한 곳에 위치한 식당….

그곳의 주인이자 주방장인 '마스터'는

일본의 폭력 조직인 야쿠자에

몸을 담았던 경험이 있는 자이다.

그 식당에 밥을 먹으러 가는 손님들은

식당의 음식이 다양하다든가

식당의 내부가 화려하다든가 하는 것도 없지만

손님들은 계속해서 식당을 찾아온다.

그렇게 손님들 가운데 누구는 음식을 먹고
누구는 술을 마시며 주방장인 '마스터'에게
각자의 사연이 담긴 이야기를 거리낌 없이 내뱉지만
'마스터'는 손님의 말을 그저 묵묵히 듣기만 한 채
식당을 운영해 나간다.

내가 겪어 보니

단순히 사고 싶은 것을 사고
계산만 하고 가는 것이 당연한 편의점에서

특별한 이유 없이
말을 이어 나가려는 손님들이 종종 있다….

어떤 손님은
알바생인 나와 잠깐 얼굴을 마주치며

살아남는 자들로만 이루어진 곳

가볍게 스치고 갈 만남으로 끝나지만

어떤 손님은 잘 알지도 못하는 나에게
자신의 이야기를 거리낌 없이 말하며
그러한 손님의 이야기를 묵묵히 들어 주던 나는
거기서 또 다른 '마스터'였다는 것을 느낀다….

또한 이유 없이
말을 이어 나가려는 손님들을 볼 때마다

마음은 공허함과 허전함으로
가득 차 있다는 것도 알게 된다.

특별한 이유가 없는데도
계속해서 말을 이어 나가려는 사람들….

어쩌면 그들의 행동은
배려와 인심이 없어지고 개인주의가 만연하는

지금의 시대 속에서 사람과 사람 간 잠깐의
소통이라도 느껴 보고픈 마음속 외침이 아닐까?

단순히 사고 싶은 걸 사고
계산만 하는 것이 당연한 편의점에서
특별한 이유가 없는데도 불구하고
말을 이어 나가는 손님들을 보며

편의점…

그곳은 또 다른 심야 식당이라는 걸 느낀다.

살아남는 자들로만 이루어진 곳